AF586033

CATALOGUE

OUVRAGES MIS EN CIRCULATION

PAR LA SOCIÉTÉ

DE LA

BIBLIOTHÈQUE POPULAIRE

DE NIMES.

JUILLET 1860.

NOTA, Tous les ouvrages marqués d'un * ont été donnés à la Bibliothèque.

PREMIÈRE SECTION.

Religion, Morale et Philosophie.

		vol.
1.	* La Sainte Bible.	1
2.	* Le Nouveau Testament.	1
3.	Récits de l'Ancien Testament, par M. Montandon.	1
4.	Récits du Nouveau Testament, par M. Montandon.	1
5.	Etude élémentaire du Décalogue, par M. Montandon.	1
6.	Etude élémentaire du Symbole des Apôtres, par M. Montandon.	1
7	* Discours familiers d'un Pasteur de campagne, par Cellérier.	1
8	* Essai sur la divine autorité du Nouveau Testament, par Bogue.	1
9	* Imitation de Jésus-Christ.	1
10	* Preuves et autorité de la révélation chrétienne, par Chalmers, traduit par S. Vincent.	1
11.	* Le Bon père ou le Chrétien protestant.	
12,	* Le Christianisme des gens du monde, par Wilberfoce, traduit par Frossard.	2

vol.

13 * Principaux faits de l'Histoire Sainte, par Chenevière. 1
15. Les Paraboles de l'Evangile, par M. Buisson. 1
16. La Famille, par M. Buisson. 1
18. * Les six jours de la création. 2
19. L'Oraison dominicale, par M. Jacques Martin. 1
25. * Exercice pour la communion. 1
28. Prières de Boissard. 1
31. Etude sur l'Oraison dominicale, par M. Montandon. 1
33. Le Livre des Villageois, par M. de Félice. 1
36. Histoire de la Bible, par Boissard. 1
38. Récits de l'Ancien Testament. (Partie supplém.) 1
39. * Considérations sur les œuvres de Dieu, par Sturm. 3
41. * Eléments de morale, par Ch. Renouard. 1
47. Conférences sur la prière, par M. J. Martin. 1
49. * Sermons de Hugh Blair, traduits par Frossard. 3
51. * Vérité de l'Histoire de Saint-Paul, par W. Paley. 1
53. * Prédications du Christianisme. Sermons de Déjoux. 4
56. * Catéchisme d'Osterwald. 1
58. Etude des récits de l'Ancien Testament. 1
59. * De l'importance des vérités religieuses, par Necker, 1
60. * Sonnets chrétiens, par Drelincourt. 1
61. Ligne après Ligne, par l'auteur de l'Aube du jour. 2
64. Le Vrai communiant. 1
67. * Méditations sur les Tombeaux, par Hervey. 1
71. Christ et le Siècle, par Bungener. 1
73. La Morale en action. 1
84. Démonstrations de l'existence de Dieu, par Fénelon. 1
87. Sermons de Cellérier. 3
88. Homélies de Cellérier. 2
89. Conversations d'un pasteur avec son paroissien, sur divers sujets religieux, et, en particulier, sur la communion. 1
90. Essai sur la connaissance de soi-même, par Mason. 1
91. Preuves de la vérité de la religion chrétienne, par Béattie. 1
93. Considérations chrétiennes sur divers sujets de religion et de morale, par Gonthier. 2
98. Essai sur la religion des gens du monde, par Puaux. 1
99. * Mélanges de religion, par S. Vincent. 10

vol.

100 Théologie naturelle ; preuves de l'existence de la Divinité, tirées de l'examen des beautés de la nature, par W. Paley. 1
101. * Observations sur l'unité religieuse, réfutation de Lamennais, par S. Vincent. 1
103. * Sermons de Sintenis, traduits par S. Vincent. 1
105. * Observations sur la voie d'autorité appliquée à la religion, par S. Vincent. 1
108. * Tableau des diverses religions professées de nos jours, par Frossard. 1
115. * Philosophie morale et politique, par W. Paley, traduit par S. Vincent. 2
117. *Le Catholicisme et le Protestantisme considérés sous le point de vue politique, traduit de l'allemand. 1
118. * Notice sur les principales sectes religieuses qui partagent aujourd'hui l'Angleterre, par Samuel Vincent. 1
121. * Réflexions sur l'évidence intrinsèque de la vérité du Christianisme, par Erskine, traduit par Samuel-Vincent. 1
123. Instruction chrétienne, par Vernet. 5
170. La Bible, son origine et ses bienfaits, — simples histoires. 1
173. L'Evangile selon St-Marc, expliqué aux petits, par N. Roussel. 2
184. Omar ou histoire abrégée du peuple juif. 1
244. * Recueil de traités religieux. 1
247. * Sermons, par M. Grawitz, pasteur. 2
249, Essai sur l'esprit et l'influence de la réformation de Luther, par Charles Willers. 1
250. Le Disciple de Jésus-Christ. (Collection).
251. Christianisme et Foi chrétienne, par M. le docteur Bruck, traduit par le pasteur Cazaux. 1
262. * Leçons de la parole de Dieu sur la rédemption de l'homme, par Moulinié. 1
272. * Le lait de la parole de Dieu. 1
296. * Archives du Christianisme, par Juillerat, journal religieux, années 1817, 1819. 2
298. * Revue protestante, journal religieux, années 1827, 1828. 2
302. * Discours de Haller sur l'irréligion. — Exercices pour la communion. — Prières à l'usage du culte domestique. 1
304 * Sermons de Jacqueiot. 3

vol.

305 * Exercices de piété, par Zollicofer. 2
309 * Sermons de Sterne. 1
323. * L'Ami de la jeunesse, journal religieux, années 1825, 1826, 1827, et nouvelle série.
324. * L'Ami des Enfants, ou recueil de prières pour les enfants et les jeunes gens. 1
330. Lettres choisies de Fénelon, par Gonthier. 1
336. Choix de lettres chrétiennes, recueillies par M. Gonthier, pasteur. 1
337. Sermons de Saurin. 12
338. Sermons choisis de J. Saurin.
339. Sermons de Durand. 6
340. Sermons sur la Passion, par Saurin. 2
341. Sermons de Chalmers. 1
343. * Défense de la Religion réformée, par M. Gardes, pasteur. 1
348. La paix de l'âme, par Moulinié. 3
349. Sermons de Beausobre 2
350. Sermons de Tilotson, 7
355. L'Anatom e du Cœur, par Lobstein. 1
357. Une Ame indépendante, par Niéritz. 1
368. Lettres du pape Clément XIV. 1
369. Paraboles de Krummaker. 1
375 * Consolations de l'âme contre les frayeurs de la mort, par Drelincourt. 1
380. Archives du Christianisme, année 1827. 2
395. Journal des missions évangéliques. 4
414. Coup d'œil religieux sur quelques-uns des ouvrages de la création.— Exercices pour la préparation à la communion. — Récit de la perte du vaisseau le *Kent*. 1
421. Abrégé histor. des livres de l'Anc. Testament. 1
434 Discours religieux de Vinet. 4
455. Sermons de Petit-Pierre. 1
464. Journal d'un observateur de soi-même, par Lavater.
528. La famille de Béthanie, méditations religieuses par L. Bonnet. 1
529. * Méditations religieuses, par S. Vincent. 1
544. Le Jeune chrétien, par Abbott. 1
557. * Notice historique de l'Eglise réformée de Nimes, par A. Borrel, past., (anc. et nouv. édit.)
559. Simples Instructions ou Vérités importantes mises à la portée des enfants, par John Todd. 1
570. Nouveau Magasin des Enfants, par Mlle Chabaud. 1

vol.

579. Histoire Sainte, Analyse de la Bible, par A. Coquerel. 1
589. L'Ami de la Famille, journal religieux, par E. Frossard, pasteur. 3
610. L'Ami de la Jeunesse, Journal religieux, 2e série, années 1835, 1836, 1837, 1838, 1839. 5
618. La Providence révélée par ses moindres ouvrages ou Tableau des mœurs des insectes, par Rendu. 1
638. Voyage des enfants d'Israël dans le désert, par Bost. 1
661. Etrennes religieuses.
680. Le Jeune homme à l'entrée de sa voie, traduit de l'anglais, de Pike. 1
681 * Le Protestantisme français, par E. Frossard, pasteur. 1
682 * Archives protestantes, par E. Frossard, past. 1
688. Scènes patriarcales, par N. Roussel, pasteur. 1
689. Scènes prophétiques, par N. Roussel, pasteur. 1
690. Scènes évangéliques, par N. Roussel, pasteur. 1
693. Entretiens du comte Struensée. 1
694. Introduction à la lecture de l'Ecriture-Sainte, par Bochinger, traduit par C. Laune. 1
701. * Archives évangéliques, années 1841, 1842, par MM. Frossard et Borrel, pasteurs. 2
710. Le Véritable ami des enfants et des jeunes gens, par C. Malan.
711. Le Vrai Bonheur. avantages d'une éducatiou chrétienne, par Pike. 1
712. * La Conquête de Chanaam, méditations sur le livre de Josué, par Th. Borrel. 1
716. Mœurs et Coutumes bibliques, expliquées d'après les récits des voyageurs, par Maltby. 1
735. Il y a des pauvres à Paris et ailleurs, par Mme de Gasparin. 1
744. Le Guide du Bonheur, recueil de maximes, pensées et prières, par M. Delessert. 1
750. Recueil de Brochures protestantes publiées à Nimes. 1
779. Vingt soirées au village, par Descombaz. 1
785. Etude biblique sur les œuvres visibles de la Création, par A. Borrel, pasteur, à Nimes. 1
791. Quelques demi-heures passées auprès du vieil Humphry. 1
793. Le Ministère de l'Enfance. 1

vol.

796. La Bible et son histoire, par L. N. R. 1
797. Le voyage d'Hélon à Jérusalem, scènes juives. 1

DEUXIÈME SECTION.

Sciences et Arts.

17. * Cours de géographie, par Lamp. 2
20. * Conversations sur la chimie. 3
37. Les Petits artisans devenus célèbres. 1
40. * Abrégé de Géographie à l'usage de la jeunesse. 1
45. * Ecole des Arts et-Métiers à l'usage de la jeunesse. 2
62. * Abrégé de toutes les sciences. 1
63. * Le Géographe, manuel par d'Expilly. 1
65. La Botanique de l'Enfance. 1
107. Panorama des inventions et découvertes. 1
120. * Tableau des Arts-et-Métiers et Beaux-Arts, par Ch. Dupin, et introduction d'un cours de géométrie et de mécanique appliquée aux arts, par le même. 1
125. Histoire naturelle, par Madame Trimmer. 1
129. Beautés de Buffon. 1
152. Histoire naturelle biblique, par Mlle Elisa Dufond. 1
155. L'Agriculture au point de vue chrétien, par Laurens. 1
162. Les promenades du jeudi. 1
176. Les Enfants professeurs, par N. Roussel. 1
193. Quelques merveilles de la nature et de l'art. 1
211. L'Océan. 1
242. Astronomie de l'amateur, par Hirzel. 1
267. Révolution du globe, par Bertrand. 1
280. Manuel du teinturier. 1
281. Manuel de chimie amusante. 1
282. Eléments de botanique. 2
283. Le Petit Buffon des enfants. 1
285. Abrégé d'Histoire naturelle, par Raff. 1
310. La Chimie enseignée par 2 leçons. 1
314. * La Vaccine justifiée. — Conseils pour faire fortune, par Franklin. — Notions sur le droit français. — Histoire de France, par Mlle Saint-Ouen. 1
327. * Manuel populaire, résumé des connaissances utiles aux classes inférieures de la Société, par A. C. 1

vol.

345. Eléments d'agriculture, par un ami des champs. 1
367. Les Leçons de la nature, ou l'Histoire naturelle, la physique et la chimie, présentées à l'esprit et au cœur, par Cousin-Despréaux. 4
372. Mœurs et instincts des animaux, par Virey. 2
420. Explication simple et scientifique des principaux phénomènes. 1
425. Journal des Connaissances utiles. 3
428. Principes d'économie politique, par Carion-Nisas fils. 1
436. Notions sur la justice, le droit et les lois, par Dupin aîné. 1
471. Catéchisme d'économie politique, par J.-B. Say. 1
473. Eléments de technologie, par Francœur. 1
475. Le Bibliomappe du jeune âge, géographie à l'usage de la jeunesse. 1
479. Conseils aux ouvriers, par Barrau. 1
482. Observations pratiques sur l'éducation du peuple, par lord Brougham. 1
483. Secours à donner aux noyés et aux asphyxiés. 1
489. Mélanges de morale et d'économie politique, par B. Franklin. 2
491. Réflexions et menus propos d'un peintre genevois, par Topffer. 2
496. Principe d'économie politique, par Droz. 1
497. Le Calendrier du bon cultivateur. 1
516. Les Merveilles de l'industrie, par Mme de Flesselles. 2
524.*Essai sur la science des machines, par Gueniveau. 1
537.*Les enfants voyageurs ou les jeunes botanistes. 4
540. Mythologie par Lamé Fleury ; Histoire des faux Dieux de l'antiquité. 1
558. Botanique de la jeunesse, par Mme Bonifas Guizot.
571. Voyage au Jardin des Plantes, par Jaufret. 1
572. Merveilles du corps humain, par le même. 1
603. Travail et industrie. 1
604. Galeries des arts utiles. 1
607. Les animaux industrieux. 1
609. * Petits traités publiés par l'Académie des Sciences morales et politiques. 4
630. Histoire naturelle des animaux quadrupèdes et cétacés. 1
647. * Le livre universel, par Amyot. 1
671. * Lettres sur la botanique, par J.-J. Rousseau. 1
672. * Résumé de botanique, par Meissas. 1

		vol.
678.	* Les Merveilles de la mer.	1
699.	* Bien-être et concorde des classes du peuple français, discours et conseils aux ouvriers, par Ch. Dupin.	1
707.	* Le Panier de fruits, description des fruits cultivés en France.	1
729.	* Etudes à la nature pour servir à l'éducation de l'esprit et du cœur, par Hollard.	1

Nouveau spectacle de la nature, ou Dieu et ses œuvres, par V.-A. Rendu fils, savoir :

736.	L'Homme. — Les Mammifères.	1
737.	Oiseaux. — Insectes.	1
738.	Reptiles et Poissons.— Mollusques.	1
739.	Physique. — Astronomie.	1
740.	Géologie. — Botanique.	1
741.	Conseils aux agriculteurs, par M. Dezeimeris.	1
742.	Culture des jardins maraîchers dans le midi de la France, par Maffre, de Pézenas.	1
746.	La faune méridionale, par Crespon.	2
753.	Société d'agriculture du Gard, (bulletin de la).	3

TROISIÈME SECTION.

Histoires, Biographies et Voyages.

14.	* La France protestante, par MM. Haag.	10
21.	* Histoire des Naufrages.	2
26.	Vies de Calvin et de Théodore Bèze.	1
27.	Vies de Calvin et de Luther, par Haag.	1
29.	Vies de Jean Huss, Wiclef, Jérôme de Pragne, OEcolampade et Fares Zwingli.	1
50.	* Histoire du patriotisme français, depuis Clovis jusqu'à Louis xv.	5
52.	* Eclaircissements historiques sur les causes de la révolution de l'édit de Nantes.	1
54.	* Abrégé de l'Histoire de France, jusqu'à Henri iv, à l'usage des écoles militaires.	2
55.	* Abrégé de l'Histoire romaine à l'usage des écoles militaires.	1
68.	Voyages de Cyrus, par Ramsay.	1
74.	Biographie de Paul Rabaut et de ses trois fils, par Borrel.	1
76.	Histoire de l'empereur Charles-Quint, par Robertson.	6

vol.

77. Grandeur et décadence des Romains, par Montesquieu. 1
78. Histoire de la guerre des Camisards. 3
79. Vie du chevalier Bayard. 1
80. Histoire de Charles XII, roi de Suède, par Voltaire. 1
81. Histoire de France pendant les guerres de religion, par Lacretelle. 4
82. Histoire d'Amérique, par Robertson. 4
83. Mémoires de Richard Wilhams, par James Hamilton 1
85. Histoire des révolutions romaines, par Vertot. 2
86. Histoire des révolutions de Suède et de Portugal, par Vertot. 1
92. Lettres écrites d'Orient, par Frossard, pasteur.
94. Vie de Martin Luther, traduite par D. Lenoir.
102. Edouard III et les bourgeois de Calais.
109. Histoire ancienne, par Ségur. 5
110. Histoire romaine, par Ségur. 4
111. Histoire du Bas-Empire, par Ségur. 4
114. La Saint-Barthélemy.
130. Histoire de Jeanne d'Albret, mère de Henri IV. 3
131. * Journal de Jean Migault; malheurs d'une famille protestante du Poitou, lors de la révocation de l'édit de Nantes. 1
132. Vie de Henri IV, par Péréfixe. 1
133. Siècle de Louis XIV, par Voltaire. 2
134. Siècle de Louis XV, par Voltaire. 2
135. Description des mœurs et usages de tous les peuples du monde. 2
143. Voyage en Angleterre, par Simon. 2
151. Histoire de Charlemagne, par Gaillard. 1

Vies des Marins célèbres, savoir :

153. Vie de Tourville. 1
154. Vie d'André Doria. 1
156. Vie de Tromp. 1
157. Scènes et aventures de voyage, par Vuillet. 1
158. Vie de Ruyter. 1
160. Vie du duc d'Estrées. 1
161. Vie de Duquesne. 2

Collection de voyages de Campe, savoir :

163. Voyage de Vasco de Gama aux Indes-Orientales. 1

vol.

164. Voyage autour du monde, par Byron, Carteret et Wallis. 2
165. Un jeune suisse, en Australie, par l'auteur de la vie d'Elisabeth Fry. 1
166. Voyages dans l'Amérique septentrionale. 2
168. Voyage en Sicile et à Malte. 1
171. Voyage au lac Onéïda. 1
172. Ambassade de Turner au Thibet. 2
177. Ambassade à l'île de Ceylan. 2
178. Voyage en Afrique, par Barrow. 1
179. Mon voyage en Algérie. — Mon tour du lac Léman, par N. Roussel. 1
180. Naufrage de Wilsom aux îles Pelew et son séjour. 1
181. Déportation du fameux Barington, à Botany-Bay. 1
182. Voyage de Chardin en Perse. 4
183. Vie d'Oberlin. 1
185. Le Voyageur. 1
186. Voyage de Costigan en Portugal. 1
187. Voyage en Espagne. 1
188. Voyage en Grèce. 1
189. Voyage à Constantinople et en Hongrie. 1
190. Voyage en Italie. 1
191. Voyage en Suisse. 1
192. Voyage en France. 2
194. Voyage en Allemagne, en Hollande. 1
195. Voyage en Angleterre, en Ecosse et en Irlande. 1
196. Voyage en Suède. 1
197. Voyage en Pologne et en Russie. 1
198. Deuxième voyage de Cook autour du monde. 2
200. Voyage de Juan et Ulloa, dans l'Amérique méridionale. 1
201. Les petits enfants en voyage. 1
202. Voyage de Pocoke en Egypte. 1
203. Voyage en Egypte et en Syrie. 1
204. Voyage dans la Guyanne et aventures de Walter Raleigh. 1
205. Voyage du capitaine Phipps dans la mer Glaciale et naufrage de Pyrard. 1
206. Aventures de Bristow dans l'Inde, sa captivité chez Tippo-Saïb, suivies du récit des souffrances de Halwey, dans le trou noir de Calcutta. 1
207. Voyage au Japon. 1
208. Voyage aux terres Australes, par Magellan. 1
209. Voyage de Roggers et Anson autour du monde et en Chine. 1

vol.

210. Troisième voyage de Cook autour du monde. 2
212. Voyage de Steward au Maroc; naufrage de Brisson sur les côtes de Barbarie, et sa captivité parmi les Maures. 1
213. Captivité de Pitts, à Alger. 1
214. Voyage de Lecomte en Chine. 2
216. Voyage aux Etats-Unis et au Canada. 2
217. Histoire d'Henri Armand. — Les galériens protestants, par Th. Muret. 1
218. Voyage en Cochinchine, aux Indes, etc. 1
219. Voyage aux îles Canaries et dans la Nouvelle Guinée. 1
220. Voyage à Surinam et dans l'intérieur de la Guiane. 1
221. Ambassade du major Symes, chez les Birmans. 1
222. Voyage autour du monde, de Dixson. — Voyage à Otahiti, à Sierra-Léone, etc. 2
224. Aventures extraordinaires de Campwell. 1
225. Ambassade française à Siam. — Voyage de Tavernier aux mines de diamans de Golconde. 1
228. Voyage au Cap de Bonne-Espérance. 1
229. Voyage à Palmyre. — Voyage de l'indien Mouchat-Apé à la Louisiane. 2
230. Voyage de Pallas dans la Russie d'Asie. 1
231. Scènes du Bord et de la terre ferme, par le capitaine Basile-Hall. 1
241. Histoire de François 1er, par Gaillard. 4
243. Aventures et voyages d'une créole, traduit de l'anglais. 1
245. Histoire de France, par Anquetil. 10
248. Beautés de l'Histoire de France, recueil de beaux traits, par Blanchard. 1
252. Ramus, par Waddington.
261. La terre des martyrs, récits sur les Vaudois des vallées. 1
264. Découverte de l'Amérique, par Campe. 2
268. Le Jeune voyageur en Egypte et en Nubie. 1
277. Mémoires de Sully. 9
278. Histoire de France, par l'abbé Millot, continuée jusqu'à la Restauration. 6
284. Abrégé de Voyages modernes. 2
286. Découverte de l'Amérique, par Campe. 3
293. Vie de Georges Washington, fondateur de l'indépendance aux Etats-Unis. 5
294. Le Raynal de la jeunesse 1

vol.

295. Beautés de l'Histoire de Paris. 1
297. La Suisse, par Depping. 4
300. Histoire de la campagne de Russie, par le général Ségur. 2
303. * Guerres de la Révolution française, par Tissot. 4
306. Histoire de la Réformation, par Naëf. 1
307. Histoire de France, pendant le dix-huitième siècle, par Lacretelle. 6
317. Vie des Hommes célèbres. 2
318. Histoire du ministère de Richelieu, par A. Jay, 2
320. Histoire des guerres de la Fronde, sous la minorité de Louis XIV, par Saint-Aulaire. 3
321. * Notice sur Mme de Staël.— Vie d'Oberlin, pasteur au Ban-de-la-Roche. 1
325. *Vie d'Olympia Morata, par J. Bonnet. 1
328. * Mémoires de Cléry, sur la captivité de Louis XVI au Temple. 1
342. * Mémoire sur l'état des Protestants en France, depuis François 1er jusqu'à Louis XVIII. 1
344. Histoire de Philippe III, roi d'Espagne. 3
351. Vie des hommes illustres de l'antiquité, par Plutarque, traduites par Dacier. 15
352. Histoire des Croisades, par Michaud. 6
358. * Abrégé de l'Histoire universelle, par Mme Leprince de Beaumont. 2
360. * Discours sur l'Hist. universelle, par Bossuet. 2
362. * Ariége, Andorre et Catalogne, par L. Boucoiran. 1
363. Vie de Laurent de Médicis. 2
364. Abrégé de l'Histoire d'Angleterre, par Goldsmith. 2
365. Histoire de la Suisse, par Tzchokke. 1
366. Voyage aux Etats-Unis de l'Amérique, par Larochefoucauld. 8
370. Vie de Bruxton, traduite par Mlle Constant. 1
371. La vie de Saint-Louis, par Porchat.
373. Expédition de Bonaparte en Egypte et en Syrie. 1
374. Les Jeunes voyageurs en France. 4
385. Vie de Bertrand Duguesclin, connétable de France. 2
. Histoire de Pologne, par Rulhières. 4
387. Histoire des révolutions d'Europe, par Ancillon. 4
88. Histoire de la guerre d'Espagne sous l'Empire, par le général Foy. 4
389. Histoire d'Ecosse, par Robertson. 3

vol.

396. Histoire de Russie, sous Pierre-le-Grand, par le général Ségur. 1
401. Histoire de la guerre de 30 ans et du traité de Westphalie, par Schiller. 2
402. Mémoires et souvenirs du comte de Ségur. 3
403. Décade historique, ou Tableau politique de l'Europe de 1786 à 1796, par le comte de Ségur. 3
404. Récits de l'Histoire de France, par Courgeon.
407. Conspiration contre Venise, et des Gracques, par Saint-Réal. 1
415. Histoire de Napoléon, par Norvins. 4
416. Essai sur la Révolution française depuis 1789 jusqu'à l'avènement de Louis-Philippe 1er, par Norvins. 2
417. Esquisse de l'Etat d'Alger. 3
428. Résumé de l'Histoire d'Angleterre, par Félix Bodin. 1
419. Résumé de l'Histoire de France, par le même. 1
422. Merveilles de la nature et de l'art en Asie. 2
423. Merveilles de la nature et de l'art en Afrique. 2
426. Histoire des peuples d'Italie, par Ch. Botta. 3
427. Histoire des Etats-Unis de l'Amérique septentrionale, par Scheffer. 1
429. Histoire romaine racontée aux enfants, par Lamé Fleury. 2
430. Histoire de France, par le même. 2
431. Histoire Grecque, par le même. 2
432. Histoire ancienne, par le même. 1
447. Histoire littéraire de la ville de Nimes, par Nicolas. 3
452 Les larmes de J. Pineton de Chambrun. 1
459. Mes Prisons, par Silvio-Pellico, prisonnier d'état en Autriche 2
463. Histoire des réfugiés protestants, par Weiss. 2
465. Vies et aventures des voyageurs. 1
469. Histoire de Philippe-Auguste, par Capefigue. 4
472. Petite statistique de la France. — Précis de l'Histoire de Bourgogne, par Ragon. 1
480. Histoire des Protestants de France, par M. de Félice. 1
48 . Petite chronique protestante, par Crottet. 1
488. Tableau pittoresque de Nimes et de ses environs, par M. E. Frossard, pasteur. 2

vol.

519. Histoire Ancienne, Romaine et du Bas-Empire, mise à la portée des enfants, par Mme la baronne de Guimps. 3
520. Mémoires de B. Franklin 2
522. Précis de l'Histoire moderne, par Michelet. 1
527. * Histoire des Progrès de la civilisation en Europe, par Roux-Ferrand. 4
533. * Lettres à mes enfants sur l'Histoire de France, par Roux-Ferrand. 1
542. Histoire de la Révolution d'Angleterre, par Guizot. 2
548. Nouveau voyageur de la jeunesse dans les cinq parties du monde. 1
553. Voyage pittoresque autour du monde, par Dumont d'Urville. 6
564. * Victoires et conquêtes des Français. 7
560. * Lettres sur le Gard, par Roux-Ferrand. 1
566. * Tableaux chronométriques de l'Histoire de France, par Goffaux. 1
567. * Promenade de Dieppe aux montagnes d'Ecosse. 1
573. * La France historique, pittoresque et industrielle, par H. Berthoud. 2
578. Le Plutarque de la jeunesse. — Vie des hommes illustres jusqu'à nos jours, par Blanchard. 4
580. Vie de Martin Luther, par Ledderose. 1
581. Histoire de la Révolution française, par M. Thiers 10
585. Abrégé de tous les voyages autour du monde depuis Magellan jusqu'à d'Urville et Laplace. 2
586. Robertson de la jeunesse. 1
587. Voyages et aventures du capitaine Cook. 1
591. Histoire ancienne de Rollin. 14
596. Histoire de France, par Emile Bonnechose. 2
602. Le Jeune voyageur dans l'Arabie, la Syrie et la Perse. 2
608. Merveilles et Beautés de la nature en France. 1
611. Histoire de la Réformation, par Merle d'Aubigné.
617. Histoire de Charles-Edouard, dernier prince de la maison des Stuarts, par A. Pichot. 2
621. Nouvelles Beautés du jeune âge. 1
622. Beautés de l'histoire de Prusse, par Nougaret. 2
623. Abrégé de l'histoire des Chevaliers de Malte. 1
624. Nouveau Précis de l'histoire d'Espagne, par Clavière. 1
625. Aventures et Conquêtes de Fernand Cortez au Mexique. 1

vol.

626. Nouvel Abrégé de l'histoire des Croisades. 1
627. Les Naufragés dans les glaces du Spitzberg. 1
628. Voyage dans l'Afrique centrale et septentrionale, par H. Lebrun. 1
629. Suétone de la jeunesse. 1
631. Beaux traits du jeune âge, par Fréville. 1
637. Oscar ou le jeune Voyageur en Angleterre, par Marlès. 1
641. * Beaux Traits de l'histoire des naufrages. 1
642. * Beautés des annales de la marine française. 1
643. * Le Trésor des Voyages, par Champagnac. 1
644. * Histoire universelle à l'usage de la jeunesse par Bredow. 2
645. * Instructions sur l'Histoire de France, par Letellier, continuées jusqu'à Louis-Philippe 1er. 1
646. * Histoire du connétable Bertrand Duguesclin, extraite de Berville. 1
651. Maître Pierre, Entretiens sur l'histoire du moyen âge. 1
652. * Histoire d'Angleterre, racontée aux enfants, par Lamé Fleury. 1
653. Voyages, Aventures de Lapeyrouse, navigateur français. 1
664. Journal d'un voyage au Levant. 3
673. * Un sermon sous Louis XIV, par Bungener. 1
674. Histoire du moyen âge depuis la chute de l'Empire d'Occident jusqu'à la prise de Constantinople par les Turcs, par Lefranc. 1
675. * Alfred ou le Jeune voyageur en France. 1
676. * Entretiens d'une mère avec ses enfants sur les voyages de Belzoni en Egypte, en Nubie, traduit de l'anglais par Victor Housé, et précédés d'un abrégé de géographie, de notions archéologiques et de l'histoire de ces contrées. 1
677. Londres et l'Angleterre, Description des principaux monuments de Londres et des principales villes de l'Angleterre. 1
679. * Histoire des paysans illustres, Plutarque des campagnes, par A. Karr. 1
687. * Musée des protestants célèbres. 4
691. Mon voyage en Algérie, raconté à mes enfants, par N. Roussel, pasteur. 1
704. * Un Hiver aux Antilles, par J. Gurney. 1

vol.

705. Histoire des Pasteurs du désert, par N. Peyrat. 2
708. Histoire de l'église réformée de Nimes, par Borrel, pasteur. 1
709. * Histoire du Consulat et de l'Empire, par Thiers.
717. Histoire de la Conquête d'Angleterre, par les Normands, par A. Thierry. 4
718. Récits des temps mérovingiens, par le même. 2
719. Les Réformateurs avant la Réforme. Jean Hus et le Concile de Constance, par Bonnechose. 2
720. Histoire des églises du désert, par Ch. Coquerel. 2
721. Séjour en Abyssinie pendant 3 ans, par Samuel Gobat, évêque protestant de Jérusalem. 1
723. Vie de Frantz Hochwarten. — Jacob Verner, épisode de la guerre de 30 ans. 1
727. Histoire maritime de France, par L. Guérin. 2

Le Tour du monde ou les Mille et une Merveilles des voyages, par L. Guérin, savoir :

730. Le jeune Egyptien : Europe septentrionale. — Un voyage pour récompense : Europe méridionale. 1
731. Henri-le-Fifre : Algérie et Grand-Désert.— Un père et ses enfants : Côtes occidentales et orientales d'Afrique.
732. Le Vieux de la vallée : Turquie d'Asie, Perse, Indoustan. — Edmond : Empire Chinois. 1
733. La Famille du déporté : Australie, Japon, Archipel indien — William Jarvis : Iles de l'Océan. 1
734. L'Aspirant de marine : Amérique nord. — Les trois fils du capitaine : Amérique sud. 1
743. Le Christianisme sous les tropiques, par Miss Fucker. 1
748. Vingt-trois ans de séjour dans le Sud de l'Afrique, par Robert Moffat, missionnaire anglais.
751. * Veillées montagnardes, ou leçons d'un vieillard sur les institutions de la France. 1
752. Géographie sacrée du N. T. par Borrel, pasteur. 1
754. * Trois Sermons sous Louis xv, par Bungener. 3
755. Histoire de la Convention, par M. Barante. 4
756. Histoire du Concile de trente, par Bungener. 3
759. Histoire de France au 16e siècle, par Ranke. 2
761. Histoire de vigilance, par Nap. Peyrat. 1
764. Les morts inconnus. — Le Pasteur du désert, par Eugène Pelletan. 1

		vol.
770.	Jean Calas et sa famille, par Coquerel fils.	1
777.	Histoire populaire du protestantisme, par Baux-Laporte.	1
781.	L'Afrique ouverte, par Henry Paumier.	1
782.	Vie de Gustave Adolphe, par L. Abelous.	1
783.	L'île de Pitcaim, traduit de l'anglais	1
784.	Les premiers jours du protestantisme, par H. de Triqueti.	1
786.	Histoire de la Réformation française, par Puaux.	1
787.	Le Christianisme et l'église au moyen âge, par Chatel.	1
788.	Les Camisards (1702-1711) par Ernest Alby.	1
790.	Les grands hommes de l'église.	1
794.	Histoire abrégée de Luther, et de la Réformation, par Hosemann.	1
798.	Les ouvriers selon Dieu. — Bibliothèque des écoles du dimanche.	1
800.	Le troisième jubilé séculaire de la réformation en France.	1

QUATRIÈME SECTION.

Contes et Romans moraux.

22.	* Le vieux Cevenol.	1
23.	Gumal et Lina.	3
24.	Le Fermier aveugle.	1
30.	La Famille de Guillaume Harris.	1
32.	Histoire de Joseph.	1
34.	Le Village de Valdoré.	1
35.	Petits Contes moraux, par miss Edgeworth.	3
42.	La Sagesse du Hameau, par Porchat.	
43.	* Hélène.	1
44.	Trois mois sous la neige, par Porchat.	
48.	Les Colons du Rivage. id.	
66.	* L'Ami des enfants, par Berquin.	3
72.	Robinson-Crusoé.	2
104.	Jonathan Frock, par Henri Zschokke.	1
106.	Les Exilés dans la Forêt, par le capitaine Mayne-Reid.	1
113.	Antoine et Maurice.	1
116.	Contes de l'Enfance, par miss Edgeworth.	1
119.	L'Allumeur de Reverbères.	2

vol.

122. Le Fiord, par Miss Martineau. 1
124. Violette, par l'auteur de l'Héritier de Redcliffe. 2
126. Albert, par A. Vulliet. 1
127. Sarah ou les parfums d'une piété enfantine. 1
128. Gaspard ou l'enfant américain. 1
142. Robinson-Suisse. 2
144. * L'Ami des Enfants, par Berquin. 3
145. * L'Ami des adolescents, par Berquin. 2
147. * Sandford et Merton, par Berquin. 1
148. Leçons morales. 1
159. Les souvenirs de l'oncle Willams, par Mme Bolle. 1
167. Frank-Harper. — Histoire d'un maître d'école. — Les Enfants pieux 1
169. Sarah et Michel le mineur, deux nouvelles par A. Vuillet. 1
174. L'Aspirant en Chine. — La cassette de mon grand-père. 1
175. Contes et Histoires, par N. Roussel. 1
199. La pièce d'or. — Annot et son Elève. — Robert. 1
215. La Gerbe. — Recueil d'anecdotes instructives et amusantes. 1
223. Mon Grand papa Grégory. — Le moulin d'or. — Souvenirs de Pension. — La clef perdue. 1
226. Le muguet des vallées. — La Haie d'épines. — Le Fils d'adoption. — Vie de Cranfield. 1
227. Mémoires d'un écolier. — Mathieu Level. — Le petit mendiant. — Hubert ou l'enfant bienfaisant. 1
232. Persévérance ou Jeanne Hudson. — Histoire américaine. 1
233. Simples esquisses de la vie domestique. 1
234. L'Héritier de Redclyffe. 2
235. John et Lucy. — Episode de la guerre d'Orient. 1
236. Demain, par Henri Jousselin. 1
239. Les noyaux de cerise. 1
240. La maison du numéro cinq. 1
246. Betty et Tom, par Nieritz. — Le matin de la vie. 1
253. Délassements de l'enfance. 2
257. Une Institutrice en Angleterre, par Mme Clémence Broussel 2
263. Les Veillées du Château. 4
265. Annette Gervais, par Mme Tourte Cherbuliez. 1
273. La Famille Glen Luna, par Amy Lothrop. 2
274. Le Foyer domestique, par Mlle Bremer. 1

vol.

279. Galerie morale de l'enfance, par Mme Belloc. 4
289. Le livre de famille, par Berquin. 2
299. Les Petits Béarnais. 2
311. L'oiseleur, par Hoffmann. 1
312. L'Eternel est vivant, par Hoffmann. 1
313. Les Déjeûners de la Grand'mère aveugle.— Une Semaine dans une chaumière. 1
315. Les Jeunes industriels, par miss Edgeworth. 4
316. Simon de Nantua, par M. de Jussieu. 1
319. Le Nègre du Congo, par Horn. 1
322. Le Tour de Jacob le compagnon, par Gothelf. 1
326. Nouvelles pour l'enfance et pour la jeunesse, par Porchat. 1
331. Les Soirées au logis. 3
332. Les Soirées de l'Ermitage. 2
333. Nouveaux contes, par Mme Guizot. 2
347. Raoul et Victor, par Mme Guizot. 2
359. * Magasin des Adolescents. 1
361. Lectures amusantes. 1
379. Philippe Asthon. 1
381. La Fille du Comte 2
382. Le Trésor des Enfants. 1
383. Une Famille par Mme Guizot. 2
384. Vies des Enfants célèbres. 2

Les Enfants du Vieux-Château, en 40 *vol.*, *comme il suit :*

390. Contes, Voyages, Sciences, Histoire ancienne. 9
391. Contes, Voyages, Descriptions, Histoire romaine, Géographie. 14
392. Contes, Voyages, Sciences, Histoire de France. 10
393. Rhétorique, Contes, Voyages, Histoire d'Angleterre. 3
394. Histoire d'Allemagne, de Pologne, Contes divers. 4
397. Ulric le Valet de Ferme, par Mlle Ulliac Trémadeure. 1
398. Ulric le Fermier, par Mlle Ulliac Trémadeure. 1
400. Mémorial de Famille, par Emile Souvestre. 1
405. Gertrude. 1
408. Education familière, par miss Edgeworth. 6
409. Les Voyages du petit Tobie. 1
435. Le Monde, le Vaste Monde. 2
437. L'Oncle Tom. 1
438. Un coup d'œil dans la cabane de l'Oncle Tom. 1
439. Les petits Artisans devenus hommes célèbres. 2
440. Le bon Fridolin et le méchant Thierry. 1

vol.

441. Martin le Tisserand. — Marianne ou la Résurrection. 1
442. Rose de Tannebourg. 2
443. Petits Contes. — Nouveaux petits Contes. — Historiettes pour former le cœur et l'esprit des enfants, par Schmidt. 1
444. * Cent petits Contes, — Cent nouveaux contes, Sept nouveaux petits contes, —le Ver luisant, le Petit Mouton, la Colombe, le Serin, les OEufs de Pâques, par Schmidt. 1
445. Scènes norwégiennes. 1
446. Le Presbytère en plein soleil. 1
448. Minona, par Glatz. 1
449. Geneviève de Brabant. — Théophile ou le jeune Ermite. — La Colombe, par Schmidt. 1
450. Le Serin. — Le Petit Mouton. — La Croix de bois. — La Chapelle dans la forêt, par Schmidt. 1
451. Maître Pierre; entretiens sur la physique. — Le Petit Robinson dans son île. 1
453. L'Enfant perdu. — Les OEufs de Pâques. — Histoires tirées de l'Ecriture-Sainte - Histoires tirées de l'Ancien Testament, par Schmidt. 1
454. Queechy. 2
456. Le Père Clément ou le Jésuite confesseur, nouvelle écossaise. 1
457. * Secondes lectures françaises, à l'usage des classes supérieures des écoles primaires. 1
458. Le Père Maurin. 1
460. Les deux Filles de la Veuve. 1
461. Le Foyer domestique ou le chez soi. 1
462. Antoine ou la Veille de Noël. 1
466. Théophile ou l'enfant du Mineur, par Nieritz. 1
467. Elisabeth. — Bernard et Hermann. 1
468. Le Cricri du Foyer. — Les Carillons, par Ch. Dickens. 1
470. Contes populaires, par Bouilly. 1
474. Leila dans la Maison paternelle. 1
476. Les Jeunes insulaires. 1
477. Leila en Angleterre. 1
478. Laure et Henri. 1
484. Bibliothèque de l'enfance, par Campe. 2
487. Le petit Robinson dans son île. 1
490. Jean et Julien, ou les petits Colporteurs. 1
495. La famille Morin, par Mlle Desroches. 1

Bibliothèque d'enseignement élémentaire, publiée par Delapalme, savoir :

	vol.
494. Géologie.	1
499. Géographie générale.	1
500. Lectures.	1
501. Biographies.	1
502. Histoire naturelle des animaux.	1
503. Le Livre des prières.	1
504. Histoire de France.	1
505. Géographie de la France.	1
506. Veillées du Village. — Morale de l'exemple.	1
507. Lecture du dimanche.	1
508. Histoire naturelle des plantes.	1
509. Récits de la Bible.	1
510. Grammaire française.	1
511. Arithmétique	1
512. Morale de la Bible, recueil de passages de la Bible.	1
513. Les Quatre Evangiles, récits mis en ordre des faits contenus dans les quatre Evangiles.	1
515. Le Petit Bossu, par Mlle Ulliac Trémadeure.	1
518. Jean Marie, par Mlle Ulliac Trémadeure. — Pierre, ou les suites de l'ignorance. — L'Enfant perdu.—Maître Pierre; entretiens sur la physique.	1
521. Léonard et Gertrude, par Mme la baronne de Guimps.	1
523. Le Brahme voyageur. — Inventions et découvertes. -- Le Prieur de Chamouny, par Roux-Ferrand.	1
530. Contes et Récits, par Mme Tourte-Cherbuliez.	1
531. La Bonne Famille, par Salzmann.	2
532. Laideur et Beauté, par Mlle Ulliac Trémadeure.	1
534. Amy Herbert.	1
535. Une Histoire par Mlle Trémadeure	1
536. Hélène, par miss Maria Edgeworth, traduit de l'anglais.	3
538. Les Mémoires d'un médecin, par Harisson.	2
539. Voyage autour de ma chambre, suivi du Lépreux de la cité d'Aoste, par X. Lemaistre.	1
541. Les Dimanches du vieux Daniel, par Mlle Ulliac Trémadeure.	1
543, Pierre et sa famille. — L'Enfant dans la maison paternelle, par Abbott.	1

vol.

545. L'Ami des écoliers, par Mœder. 1
546. Journal d'Amélie, ou 18 mois de la vie d'une jeune fille. 1
547. A toi, mon Enfant; contes par l'auteur des OEufs de Pâques. 1
549. L'Institutrice, par Mlle Ulliac Trémadeure. 1
550. La pierre de touche, par le même. 1
551. Tremaine ou la Nécessité d'un état, roman traduit de l'anglais. 1
555. Fernando. — Esther Vilmot. — Les veillées de la salle de Saint-Roch. 1
556. Antonio Giovanni. 2
562. Les Enfants ou les Caractères, par miss Edgeworth. 1
563. Pierre et Claudine, ou les deux petits Savoyards. 1
564. Les Enfants, par Mme Guizot. 2
568. Soupers de famille, par Delafaye-Brehier. 1
569. Déjeûners champêtres de mon cher oncle, par Ducray-Duminil. 1
574. Contes aux jeunes agronomes, par Mlle Trémadeure. 2
575. Contes aux jeunes naturalistes, par la même. 1
576. Contes aux jeunes artistes, par la même. 1
577. Les jeunes naturalistes, par la même. 1
582. Contes des familles, par miss Edgeworth. 1
583. Contes moraux, par la même. 1
584. Contes populaires, par la même. 1
588. Charles Lefebvre. 2
590. Bilboche ou l'Education de la nécessité. 1
597. L'Orphelin allemand, trad. Salzman, par Marlès. 1
598. Etienne et Valentin, par Mlle Trémadeure. 1
599. Les Emigrants au Brésil, par M. A. Schoppe. 1
600. 4e, 5e, 6me séries de l'Education familière, par miss Edgeworth. 6
601. Les Enfants de la vallée d'Andlaw. 2
605. Julien Morel. 1
606. Les contes de Noël, par Charles Dickens. 2
619. Contes aux enfants, par Mme Laure Bernard. 1
620. Le Collége incendié. 1
632. Michaël, le jeune chevrier du Mont-Perdu, par A. de Saintes. 1
633. Le jeune Instituteur, ou le prix de la persévérance, par Mme Carroy. 1
634. Antoine, ou le Remouleur, par Mlle Vanhove. 1

vol.

635. Le Mentor vertueux, moraliste bienfaisant. 1
636. La bonne Cousine, par Elisabeth Celmart. 1
639. Devoir et Sagesse, par Mlle A. Schoppe. 1
640. Soirées de famille, ouvrage pour les enfants de 11 à 14 ans, quatre séries. 4
654. Les Enfants en liberté. — Leçons sur le bon emploi du temps, par miss Parker. 1
655. Les Nouveaux petits Béarnais. 2
656. Alphonse et Sophie. 1
657. Duval. 1
658. La Barque du pêcheur. — Itha, comtesse de Toggembourg. 1
659. La Chartreuse. 1
660. Agnès, la petite joueuse de luth. — La Chaumière irlandaise. — La Mouche. — Le petit Mouton. 1
662. Iduna. 1
663. Le petit Matelot. 1
665. Les Bienfaits de l'adversité. 1
666. Devoir et Récompense, ou les trois camarades de pension. 1
667. Les Roses de la sagesse. 1
668. Conte d'une mère à sa fille, par Mme de Beaulieu. 1
669. Le Modèle de l'apprenti, ouvrage plein d'intérêt, par Choppin. — Le petit libraire forain ou la Morale de Jacques le Bossu, par le même. 1
670. * Nouvelles morales et religieuses, par Mme Bodin. 1
692. Mémoires d'un écolier, dédiés à ses camarades, par N. Roussel, pasteur. 1
698. * Théâtre de Berquin. 2
700. Les bonnes Etrennes, ou le livre de prix. 1
703. Le Pasteur d'Anduze, de Mœwes, traduit par M. Sardinoux, pasteur. 1
713. * La Famille Beaumont, ou une année à la campagne, par Mme Bonifas-Guizot. 2
714. Claude Bernard ou le Gagne-Petit, par Mlle Ulliac Trémadeure. 1
715. La Famille Fairchild. 2
722. Les Enfants célèbres, par Michel Masson. 1
725. Allons faire fortune à Paris, par Mme de Gasparin. 1
726. Leila, ou l'Ile déserte. 1
757. Ida May, par Mary Langdon. 2
758. Les Collines de Schatemjuc, par miss Warner. 2
760. La Cité du Devoir, par Alphonse Levray. 1

vol.

762. Le Maître d'école et son fils, par Caspari. 1
763. Les Heures d'école du jeune Louis, par May. 1
765. Le fond et la forme. 1
766. La Fleur de la Famille. 1
767. La petite Emilie et les quatre places. 1
768. La Chaîne de Marguerittes, par l'auteur de l'héritier de Redcliffe. 2
769. Le Berger et le Proscrit, par Jacques Porchat. 1
771. Sarah Mortimer, par l'auteur de Amy Herbert. 1
772. Les Deux neveux, par W. Olivier. 1
773. Vaincre et le vaincre, par miss Mac-Intosh. 1
774. Les Histoires de la bonne tante, par miss Mac-Intosh. 1
775. Le Marchand prospère. 2
776. Adrien Sattori, par Mme W. Geisendorf. 1
778. Le Robinson des prairies. 1
780. Rosa, par Mme de Pressencé. 1
789. Les Sœurs jumelles, par miss Sandham. 1
792. Le petit Sauvage. 2
795. Le souhait d'Henriette. 1
799. Gilbert Gresham. 1

CINQUIÈME SECTION.

Littérature mêlée.

46. * Leçons choisies à l'usage des écoles. 1
57. * Bélisaire, par Marmontel. 1
65. * Voyages de Cyrus, par Ramsay. 3
69. La Mort d'Abel, poème, par Gesner. 1
70. Leçons de Littérature et de Morale, morceaux en prose et en vers, choisis des meilleurs auteurs. 2
75. Tableau de la Nature et des bienfaits de la Providence, morceaux choisis par M. Blanchard. 1
95. Fables de la Fontaine. 1
96. Fables de Florian. 1
97. Merveilles de la Nature en France, par Depping. 2
112. * Le Paradis perdu, par Milton. 1
136. Elisabeth, par Mme Cottin. 1
137. Paul et Virginie, par Bernardin de Saint-Pierre. 1
138. La Chaumière Indienne. 1
139. Théâtre d'éducation, par Mme de Genlis. 5
140. Le Ministre de Wakefield. 2
141. Les Incas, par Marmontel. 1

vol.

146. Introduction à la connaissance de la nature, par Berquin. 2
149. Télémaque, par Fénelon. 1
150. * Théâtre de Florian. 3
237. Choix de Lectures, par Sabatié. 1
238. Les loisirs d'un homme très-occupé, par Puaux. 1
254. Au coin du Feu, par Emile Souvestre. 1
255. * Galathée, par Florian. 1
256. L'Homme aux Calendriers, par Paroz. 1
258. * Gonzalve de Cordoue, par Florian. 1
259. Mélanges de littérature, par Florian. 1
260. * Idylles et Poésies de Berquin. 1
266. Don Quichotte de la Manche. 2
269. L'Illiade d'Homère, traduit par Bitaubé. 2
270. L'Odyssée d'Homère, traduit par le même. 2
271. La Messiade, poème sur le Messie, par Klopstock. 1
275. OEuvres poétiques de Boileau. 1
276. * Les Nuits d'Young, méditations religieuses. 2
287. La Henriade, par Voltaire. 1
288. Tragédies et Lettres de Jean Racine. 5
290. Tragédies de Pierre Corneille. 4
291. Chefs-d'OEuvre de Thomas-Corneille. 1
292. Choix de Comédies de Molière. 5
301. Chefs-d'OEuvre du Théâtre de Voltaire. 4
308. Eléments de Littérature, par Marmontel. 8
329. Le Conscrit, nouvelle, par Henri Conscience. 1
334. Voyages de Gulliver. 1
335. Choix du Théâtre de la Chaussée. 1
346. La Jérusalem délivrée, par le Tasse. 1
353. Les Barricades, par Vitet. 1
354. Les Etats de Blois, par Vitet. 1
356. * Comédies de Colin d'Harleville. 1

Cours de Littérature de La Harpe, 18 vol., *savoir :*

376. Littérature des anciens. 4
377. Littérature du siècle de Louis XIV. 4
378. Littérature du dix-huitième siècle. 10
399. Etudes littéraires sur les écrivains de la Réformation. 2
406. Poème de la religion, par Racine fils. 1
410. Voyage du jeune Anacharsis en Grèce, par Barthélemy. 9
411. Ivanhoé, roman du temps des Croisades, par Walter-Scott. 1

vol.

412. Etudes de la nature, par Bernardin de Saint-Pierre. 5
413. Quentin Durward, roman historique, par Walter-Scott. 1
424. Cinq-Mars, roman historique, par Alfred de Vigny. 1
433. Le Talisman, histoire du temps des Croisades, par Walter-Scott. 1
485. Napoléon en Egypte, poème, par Barthélemy. 1
486. Impressions de voyages, par Alexandre Dumas. 1
492. Les Nouvelles genevoises, par Toppfer. 1
493. * Correspondance de Franklin. 2
498. Souvenirs et Portraits, par Ch. Nodier. 1
514. * De l'Education des Filles, par Fénelon. 1
517. Philosophe sous les toits, par M. Emile Souvestre. 1
518. Confession d'un Ouvrier, par M. Emile Souvestre. 1
525- Musée de Famille, journal amusant.
526. Magasin pittoresque, journal instructif.
552. Journal des Enfants, recueil de récits et anecdotes.
561. Magasin universel, journal instructif et amusant. 1
565. Picciola, par Saintine. 1
592. Le Monastère, par Walter-Scott. 1
593. L'Abbé, suite du Monastère, par le même. 1
594. Anne de Geierstein, ou Charles-le-Téméraire, par le même. 1
595. * Discours de B. Constant. 2
612. Le Dernier des Mohicans, par Fenimore Cooper. 1
613. Les Pionniers, par Fenimore Cooper. 1
614. La Prairie, par le même. 1
615. La Fiancée de Lammermoor, suivie d'une légende de Montrose, par Walter-Scott. 1
616. Waverley, par le même. 1
648. * Traité classique de littérature, par Grandperret. 2
649. * Fablier de l'enfance et de la jeunesse. 1
650. L'Abeille poétique. 1
683. L'Antiquaire, par Walter-Scott. 1
684. Les Fiancés ou le Connétable de Chester, par le même. 1
685. Le Paquebot américain, par F. Cooper. 1
686. Eve Effingam, suite du Paquebot, par le même. 1

	vol.
695. Le Lac Ontario, par le même.	1
696. Itinéraire de Paris à Jérusalem, par Château-briand.	2
697. Voyage en Orient, par Lamartine.	2
702. Nouvelles leçons de littérature moderne.	1
706. Le Tueur de Daims, par Cooper.	1
724. Entretiens du village, par Timon.	1
728. Le Presbytère, par Toppfer.	1
745. L'Espion, par Fenimore Cooper.	1
747. * Poèmes et impressions poétiques, par M. Jules Canonge, de Nimes.	1
749. * Ornements de la mémoire.	1

CONDITIONS DE L'ABONNEMENT.

EXTRAIT DU RÈGLEMENT.

Art. 4. — Le prix de l'abonnement est fixé à 50 c. par trimestre (2 fr. par an), payables d'avance.

Art. 5.— Toute personne qui veut s'abonner à la Bibliothèque, s'adresse à l'un des membres du Comité. Si elle est connue, elle est immédiatement admise ; dans le cas contraire, elle se fait recommander par une personne notable ou par deux abonnés.

Art. 6. — Il est remis à chaque abonné un catalogue des ouvrages de la Bibliothèque, et une carte d'admission qui doit être exhibée toutes les fois qu'on vient réclamer un livre.

Art. 7.— Les livres sont distribués par deux membres de la Société, *tous les dimanches*, depuis *une heure jusqu'à trois*.

Art 8. — On ne peut garder un livre plus d'un mois. En cas de retard, l'amende sera de 10 centimes.

Art. 9.— Les dégâts faits à un livre sont évalués par le Comité, qui fait payer à l'abonné une indemnité proportionnée au dommage. Si le volume est perdu, l'abonné en paie le prix entier. Il est tenu de payer également le prix entier de l'ouvrage, quel que soit le nombre de ses volumes, s'il en a égaré un seul.

Toute personne faisant un *don* annuel de 5 fr., est inscrite sur la liste des bienfaiteurs de la Société, et a droit à un abonnement de lecture transmissible.

La Bibliothèque est située ruedu Grand-Couvent, dans le local du Petit-Temple.

Nimes, Typ. Clavel-Ballivet, place du Marché, 8.

www.ingramcontent.com/pod-product-compliance
Lightning Source LLC
LaVergne TN
LVHW052019160826
845678LV00003B/1116

9782329637600